죽음이
마지막 말은 아니다

Der Tod ist nicht das letzte Wort
Gerhart Lohfink

ⓒ Verlag Herder Freiburg im Breisgau 1976
Korean translation copyright ⓒ 1993 by STPAULS, Seoul, Korea

죽음이 마지막 말은 아니다(개정판)

초판 발행일 1986. 11. 15
재판 발행일 1993. 5. 8
3판 2쇄 2022. 1. 5

글쓴이 게르하르트 로핑크
옮긴이 신교선·이석재
펴낸이 서영주
총편집 황인수
편집 김정희 **디자인** 최영미
제작 김안순 **마케팅** 서영주 **인쇄** 아트프린팅

펴낸곳 성바오로
출판등록 7-93호 1992. 10. 6
주소 서울특별시 강북구 오현로7길 20(미아동)
취급처 성바오로보급소 **전화** 944-8300, 986-1361
팩스 986-1365 **통신판매** 945-2972
E-mail bookclub@paolo.net
인터넷 서점 www.paolo.kr
www.facebook.com/stpaulskr

값 6,000원
ISBN 978-89-8015-932-1
교회인가 서울대교구 1985. 12. 11 SSP 1080

● 일러두기
　성서 말씀은 공동번역을 인용했습니다.

이 책은 저작권법의 보호를 받으므로 무단전재와 무단복제를 금합니다.
이 책 내용의 전부 또는 일부를 재사용하려면 반드시 저작권자와 성바오로출판사의 동의를 얻어야 합니다.

죽음이
마지막 말은 아니다

게르하르트 로핑크 글
신교선·이석재 옮김

가난하고 힘이 빠진 사람,

끊임없이 근심 걱정에 시달려서 늙어 버리고

모든 것이 귀찮고 참을성마저 없어진 사람에게,

죽음아, 너의 기약이 얼마나 반가운 일이겠느냐!

죽음이 있다는 것을 두려워하지 말아라.

네 앞에 간 사람들과 네 뒤에 올 사람들이 있음을 생각하여라.

죽음은 모든 사람에게 내리신 주님의 선고다.

지극히 높으신 분의 뜻을 어찌 거역하려느냐.

십 년을 살든지 백 년을 살든지 천 년을 살든지,

저승에서는 네 수명의 장단이 문제가 되지 않는다.

(집회 41,2-4)

머리말

    이 책의 첫 번째 부분은 필자가 오래전부터 받아 오던 한 가지 질문에서 출발한다. 초기 증인들이 말하는 예수님의 부활 체험과 같은 체험들이 오늘날에도 가능한가? 그렇지 않다면 성서에서 말하는 예수님의 부활 사화들은 사려 깊은 주석이 붙어 있다 해도, 상상력을 불어넣어 줄 수 없는 죽은 내용으로 머물 뿐이다. 순수하게 주석학적(註釋學的)으로만 접근해서는 엠마오 이야기의 의미를 충분히 밝힐 수 없다. 부활하신 분을 만나는 이와 같은 체험을 도대체 오늘날에도 할 수 있는가, 할 수 있다면 언제 가능한가 하는 질문들에 대한 답을 보다 확실히 찾아야 한다.

    두 번째 부분은 루카 복음서에 나오는 예수님의 승천 기사에서 시작된다. 여기서도 이 이야기의 주해(註解)는 다른 주석학적 방법과 같은 노선에 머물러 있어서는 안 된다. 예수님의 승천 기사에는 인간 실존에 대한 기본적 물음이 명시되어 있다는 사실을 더욱 분명히 해야 한다. 즉 이 세상과 우리 삶의 역사는 어떤 결정적 의미를 갖고 끝나는가, 아니면 무의미하게 끝나 버리는가?

이에 대한 대답을 이 소책자의 세 번째 부분에서 시도하고 있다. 여기서 한 가지 밝히고 넘어가야 할 것이 있다. 필자는 이미 G. 그레사케와 함께 펴낸 『Quaestiones disputatae』(토론 문제집)에서 "죽음 후에는 무엇이 오는가?"라는 묵상을 "대망(待望), 부활, 불멸(Naherwartung, Auferstehung, Unterblichkeit)"이라는 제목으로 소개한 바 있다. 그러는 사이에 이 기고가 큰 반응을 불러일으켰다.

필자는 이 글을 더 대중적인 내용으로 고쳐 써서 더 널리 읽히도록 해 달라는 요청을 받았다. 예를 들면 사랑하는 이를 잃은 이에게 도움을 줄 수 있는 위로의 말과 함께 손에 쥐여 줄 수 있는 쉬운 내용으로 이 글을 써 달라는 것이었다. 이러한 요청을 받아들여 쓴 이 소책자가 되도록 많은 이들에게 기쁨과, 그리스도를 믿는 이로서의 희망 가득한 위로를 안겨 준다면 더 바랄 것이 없겠다.

1976년 부활절, 튀빙겐에서
게르하르트 로핑크

차례

머리말

I 부활의 체험은 되풀이될 수 있는가? · 11
II 승천은 어디서 끝났는가? · 23
III 죽음 후에는 무엇이 오는가? · 33

참고 문헌

I
부활의 체험은
되풀이될 수 있는가?

엠마오로 가던 제자들에 대한 복음 기사(루카 24,13-35 참조)는 신약 성서 가운데서 가장 아름다운 이야기로 알려져 있다.

"이젠 날도 저물어 저녁이 다 되었으니 여기서 우리와 함께 묵어가십시오."

이 글에는 얼마나 심오한 설화적 깊이와 순수함이 담겨 있는가! 이 이야기 전체가 순수하고 심오하다.

그러나 이 복음은 우리에게 한 가지 난해한 문제점을 던져 주고 있다. 지금 필자는, 그리스도가 여기서 마치 호메로스가 묘사하는 식의 하느님으로, 그리스 전설의 어떤 신(神)과도 같이 어느 낯선 사람의 모습으로 나타나, 자기 정체를 드러내고는 다시금 세상 사람들의 눈에서 사라져 버리는 그런 문제점들을 말하는 것이 아니다.

이러한 문제라면 우리는 비교적 쉽게 마무리할 수 있다. 오늘날 우리는 거의 모든 성서 이야기의 배후에 오래된 전승사가 있고, 그 이야기들이 전승과 더불어 형성되어 신학적으로 틀을 갖추었으며, 이미 전해 내려오던 설화의 형태에 따라 기록되었다는 것을 지난 세대들보다는 더 잘 알고 있다. 구약 성서와 그리스 신화의 요소들이 엠마오로 가는 제자들의 이야기에도 유입되었다는 사실에는 의문의 여지가 없다.

여기에는 우리에게 본질적인 난점들이 더 이상 존재하지 않는다. 그 당시 흔히 있던 모든 설명 양식에도 불구하고 우리는 부활하신 분과의 실제적 만남이 엠마오 이야기의 기초가 된다는 사실에서 출발할 수 있다. 두 사람이 부활하신 그리스도를 체험했다. 그들의 가슴은 활활 타오를 만큼 뜨거워졌다. 예루살렘에 있는 그들의 벗들에게 곧장 되돌아갈 만큼 그렇게 깊이 체험했던 것이다.

문제점

이 부활 사화와 다른 모든 부활 사화들의 진정한 문제는 다른 데 있다. 오늘날 '우리가' 더 이상 이러한 체험을 하지 못 한다는 것이다. 우리가 "이제는 더 이상 부활하신 분의 발현은 없다."라고 아주 분명히 말한다면…, 우리 가운데 누구에게도 부활하신 분은 나타나지 않으신다. 성서에 나오는 예수님의 부활 사화들 이면에 있는 체험은 되풀이될 수 없는 것처럼 보인다. 바로 여기에 모든 부활 사화의 진정한 어려움이 자리 잡고 있다.

어떤 이야기 이면에 깔린 체험이 우리로서는 더 이상 접근할 수 없는 것이라면, 이러한 체험이 우리 고유의 체험과 부합할 수 없고 그래서 더 이상 접근할 수 없는 것이라면 이러한 이야기는 죽은 것이며, 따라서 이러한 이야기는 아무리 훌륭한 성서 주석을 통해서도 더 이상 생명력을 회복할 수 없다. 더욱이 엠마오로 가던 제자들의 경우와 같은 이야기는 더 이상 우리와, 그리고 우리 실존과 아무 상관이 없을 것이다.

이제 우리는 참으로 솔직히 그리고 똑바로 질문을 던져야 한다.

예수님의 부활 사화 이면에 놓인 체험이 현대인들에게는 참으로 되풀이될 수 없는 것인가?

우리가 이러한 체험을 더 이상 할 수 없다는 것이 확실한가?

파스칼의 비망록

프랑스의 수학자이며 자연 과학자인 파스칼(Blaise Pascal)이 죽은 뒤 사람들은 그가 늘 지니고 다니던 쪽지에 기록한 것을 발견했다. 그 글은 파스칼 자신에게 분명히 큰 의미를 지닌 것이었다. 이 '비망록'(Mémorial)은 사람들이 말하는 바와 같이 파스칼 생애의 어떤 특정한 날, 특정한 시간에 체험한 것이다. 거기에는 다음과 같이 쓰여 있었다.

은총의 해인 1654년 11월 23일 월요일, 순교자 성 클레멘스 1세

교황 기념일, 그리고 순교록에 따른 순교자 성 크리소고노 기념일
전야이자 다른 성인들의 날 밤 10시 30분경부터 12시 30분경까지
불(火)을 보았다.
철학자들이나 박식한 이들의 하느님이 아니라
'아브라함의 하느님, 이사악의 하느님
야곱의 하느님'.
확실함, 감격스러움, 환희, 평화를 주는
예수 그리스도의 하느님.
나의 하느님이요
또 너희의 하느님(Deum meum et Deum vestrum).
'너희의 하느님은 곧 나의 하느님이시다.'(룻 1,16; 요한 20,17 참조)
하느님 외에는 세상과 모든 것을 잊음.
그분은 오로지 복음서가 가르치는
그 길 위에서만 발견된다.
인간 영혼의 위대함.
'의로우신 아버지,
세상은 아버지를 모르지만
나는 아버지를 알고 있습니다.'(요한 17,25)
환희, 환희, 환희, 환희의 눈물.
나는 그분에게서 떠나 있었다.

'나의 백성은 생수가 솟는 샘인 나를 버렸다.'(예레 2,13)

나의 하느님, 당신은 나를 떠나시렵니까?'

나는 영원토록 그분에게서 떠나지 않으리.

'영원한 생명은

곧 참되시고 오직 한 분이신 하느님 아버지를 알고

또 아버지께서 보내신 예수 그리스도를 아는 것입니다.'(요한 17,3)

예수 그리스도

나는 그분에게서 떠나 있었다.

나는 그분으로부터 도망쳤고 그분을 거절하였으며

그분을 십자가에 못 박았던 것이다.

나는 결코 다시는 그분을 떠나지 않으리.

그분은 오로지 복음서에 제시된

그 길 위에서만 만날 수 있다.

완전하고 진정한 포기

예수 그리스도께 대한

그리고 나의 영적 인도자에 대한 완전한 복종

'지상에서 하루를 살더라도

영원히 기쁨을 누리며 당신의 말씀을

잊지 않으오리다.'(불가타 시편 118,16)

아멘.

이 비망록은 어떤 실제적인 체험을 전해 준다. 이 체험은 그때를 정확히 알려 주고 있다. 자연 과학자 파스칼은 이 체험을 마치 어떤 실험의 시간처럼 확실히 포착하였다. 그의 체험은 엠마오로 가던 제자들의 체험과 비교할 만하다.

문제는 우리가 매일 할 수 있는 신학적 통찰에 있지 않고, 우리가 결코 잊을 수 없는 어떤 특정한 시간 안에서 깊은 감동을 주며 모든 것을 바꿔 주는 '체험'에 그 초점이 있다. 또한 모든 종교인이 할 수 있는 어떤 보편적이고 인간적인 체험이 아니라, 그리스도인의 어떤 특정한 체험이 문제의 핵심이다. 핵심은 수많은 세대로 면면히 이어지는 신앙의 역사라는 말이다.

파스칼은 어떤 특정한 시간에 그리스도를 만났으며, 그리스도 안에서 아브라함과 이사악 그리고 야곱의 하느님을 만났다. 이 만남은 그에게 그토록 깊은 환희와 함께 평화를 일깨워 주었다.

'환희, 환희, 환희, 환희의 눈물'이라는 말마디들을 우리가 어떤 한 가지 방법으로 풀려는 것은 그릇된 태도이다. 파스칼은 바로 이 환희에서 평화를 찾았다. 삶의 방향을 새로 세우고 이를 새로운 차원으로 옮겨 주며, 삶을 아주 명확하고 두드러지게 해 주는 그러한 평화를 찾았다. 파스칼은 비록 자신이 이전에도 그렇게 생각했지만, 그가 지금까지 그리스도에게서 떠나 있었음을 갑자기 깨달았다. 그는 자신이 그리스도를, 또한 그분 안에서 하느님을 이제 와서야 처음으로 진실하게 깨달았음을 알게 된다. 그것도 매우 사려 깊은 확신에 차서 말이다. 파스칼은 이 말마디들을 두 번이나 되풀이하고 있다.

우리에게도 부활하신 분에 대한 체험이 있는가?

이제 우리는 파스칼의 회상을 떠나 최종적이며 결정적인 질문을 제기해 보자.

파스칼이 그날 밤 체험한 것과 비슷한 체험이 우리에게도 있는가? 아니면 그러한 체험은 그저 유일하고 절대적인 예외로, 다만 특정한 인물에게만 유보되는 일일까?

파스칼과 똑같은 체험은 분명히 되풀이될 수 없다. 특정 인물의 전기(傳記)로 엮어진 체험은 결코 그와 똑같은 방식으로 되풀이될 수 없다. 초기 증인들과 같은 예수님의 부활 체험이 결코 다시는 반복될 수 없다는 것도 이런 이유에서이다. 그들의 체험은 다시는 우리의 체험이 될 수 없는 어떤 특정한 역사적 상황을 전제하고 있다.

하지만 예수님의 부활 체험들, 파스칼의 체험, 또 많은 그리스도인의 체험 안에는 언제나 새롭게 되풀이될 수 있는 어떤 공통적인 면들이 있다.

우리가 갑자기 하느님이신 예수 그리스도 앞에 서 있고 이제 더 이상은 그분을 피할 수 없다는 체험, 우리 가슴이 불타오르는 듯한 체험, 세상의 다른 모든 기쁨들이 송두리째 무너져 버릴 것만 같은 어떤 깊은 환희의 체험, 깊은 평화와 결정적 확신의 체험과 같은 것이다.

이 모든 것은 매우 다양하게 체험할 수 있다. 그 체험은 우리를 압도할 수도 있고, 우리가 그저 지나쳐 버릴 정도로 마음속에 조용히 다가올 수도 있다. 그리스도인이라면 누구나 어떤 모양으로든 이런 체험을 할 수 있다. 우리가 예수님을 따르고 그분이 우리를 인도하시도록 우리 자신을 그분께 내맡길 준비가 되어 있다면 우리는 이러한 체험을 할 수 있을 것이다. 우리가 오로지 하느님 뜻만을 행하고자 하며 그 밖의 다른 어떤 것도 더 바라지 않는다면 우리는 이를 체험할 수 있다. 우리가 자신의 전(全) 실존을 다하여 다른 사람들을 위해 존재하고자 한다면 우리는 이를 체험해야 한다. 이와 같은 체험을 한번 한 사람은 다시는 그 체험으로부터 멀어지지 않는다. 우리는 이러한 체험을 새로이 할 수도 있고 또한 배제할 수도 있다. 하지만 이 체험은 언젠가 새롭게 다가온다.

우리는 우리 자신에게도 이러한 체험에 대한 질문을 제기할 수 있다. 이런 경우 한 가지 분명한 사실은 이러한 체험의 장에서도 심리학을 이용하여 분석을 하거나 재음미해 볼 수 있다는 것이다. 그런데 실상 우리는 어떠한 심리학도 예수님이나 하느님과의 은밀한 만남에 대한 기쁨이나 확신, 그리고 느낌의 신비로운 체험을 충분히 설명할 수 없다는 것을 잘 알고 있다. 하나의 예술 작품을 어떤 순수한 과학적 분석 차원으로는 거의 이해할 수 없듯이, 종교적 체험 또한 심리학을 통해서 제대로 이해하기는 극히 어려운 것이다.

다시 말해, 여기서 필자가 설명하려던 이러한 체험은 단순히 초기 증인들의 예수님 부활 체험과 똑같은 것처럼 주장되어서는 안 된다. 그러나 이미 설명한 그러한 체험을 해 본 사람이라면 거의 2천 년 전에 두 제자가 어떤 길에서, 특정한 시간에 독특한 체험을 했다는 사실을 믿을 수 있을 것이다.

예수님은 살아 계신다. 그분은 우리와 함께 계시며 우리 가슴을 불타오르게 하시고, 당신 부활로 얻은 평화를 우리에게 선사하신다는 사실을 믿고 체험한 사람은 세상의 부활 체험이란 오로지 그 서막에 불과하며, 결정적인 바로 그 만남의 시간이 오리라고 믿을 것이다.

궁극적이며 결정적인 만남의 시간, 그 안에서 우리가 궁극적으로 깨닫게 될 시간, 그 안에서 예수님이 우리를 다시는 떠나지 않을 시간이다. 그 시간은 모든 것을 능가하는 환희의 시간이다. 그렇게 되면 다시는 저녁이 오지 않을 것이며, 그 어떤 날도 더 이상 저물지 않을 것이다. 이 성찬의 환희는 무한한 것이다.

II
승천은
어디서 끝났는가?

승천에 관한 이야기들

로마의 역사가 티투스 리비우스(Titus Livius)는 그의 방대한 역사 편찬서에서 로마의 건국자 로물루스(Romulus) 황제의 종말을 다음과 같이 묘사한다.

어느 날 로물루스는 도시 성곽 밖에서 시민 회의를 주최하고 있었다. 그런데 갑자기 날씨가 이상해지더니 먹구름이 로물루스 왕을 휘감아 버렸다. 그 먹구름이 사라졌을 때에는 이미 로물루스는 세상에 없었다. 승천한 것이다. 시민들은 한동안 멍하니 서 있었다. 그때에 몇몇 사람이 발단이 되어 결국 모든 사람이 하늘로 올라간 로물루스를 로마의 수호자로 받들게 되었다.

고전에서 다른 유명 인물들에 대한 승천 기사들도 이와 비슷하게 묘사된다.

그 예로 헤라클레스, 엠페도클레스, 알렉산더 대왕에 대한 이야기를 들 수 있다.

이런 종류의 승천 기사는 유다교에서도 볼 수 있다. 에녹, 모세, 에즈라, 그리고 엘리야가 있는데, 그들은 생의 마지막 순간에 하늘로 올라갔다고 전해진다.

모든 '승천 이야기'에서 특징적인 면은 관중 또는 그 증인들의 눈앞에서 당사자가 사라져 버리는 장면이 그들 앞에서 펼쳐지는 것이다.

대부분 당사자는 구름에 감싸여 하늘로 올라간다. 이러한 모든 장면은 어떤 산 위에서, 아니면 언덕 위에서 일어나는 경우가 허다하다. 대개는 하늘로 올라가기 전에 주위 사람들에게 중요한 과제를 건네주며 마지막 작별 인사를 한다.

루카 사가의 두 가지 승천 기사들(루카 24,50-53; 사도 1,4-12 참조)이 옛 '승천 이야기'의 양식과 상세한 면에 이르기까지 일치하는지를 세부적으로 또다시 제시할 필요는 없다고 생각한다.

예수님이 하느님께로 올라가시는 장면을 구체적이고도 명백한 사례로 묘사하고 있는 바로 그대목이 '승천 이야기'의 틀을 갖고 있다는 것은 분명하다. 즉 어떤 위대한 인물의 생(生)의 종말을 묘사할 경우, 고전에서 흔히 사용되는 이야기 형식인 사라짐의 이야기 틀을 갖고 있다는 것이다.

백 년 전만 해도 이와 같은 종교사적(宗敎史的) 맥락을 논하는 신학자들은 강단에서 물러나야 했다. 반면 오늘날 우리는 어떤 성서의 이야기에 이미 전해 내려오던 양식들의 이야기 투가 사용되었다는 사실에 놀랄 필요가 없다.

우리는 이러한 깨달음을 오히려 하나의 도움으로 간주한다. 이런 종류의 이야기는 사건 보도가 아니라 표상으로서의 표현이고, 다른 식으로는 매우 어렵게 표현될 수밖에 없는 사실을 암시와 상징으로 묘사하고 있다는 사실이 매우 분명하기 때문이다.

승천, 하느님께 도달함

루카 사가가 이야기하는 두 승천 기사의 초점은 공간과 시간 안에서 일어난 역사적 사건을 묘사하는 것이 아니라, 공간과 시간에서의 초월을 뜻하는 하나의 사건을 서술하는 것이다.

그것은 역사 전체의 궁극적 의미에서 인간의 길, 하느님께로 나아가는 인간의 길을 뜻한다.

루카 사가는 이를 의도하고 있다.

예수님이 남겨 놓으신 그 길은 패배로 끝나는 것이 아니라 오히려 모든 것을 완성하는 그런 의미 안에서 끝난다. 그 길은 이 세상의 어둠 속에서 끝나지 않고 하느님의 빛 안에서 끝난다. 그 길은 절대적 무(無)

에서 끝나지 않으며 예수님 자신이 아버지라고 부른 그분의 마음속에서 끝난다.

이렇게 볼 때 신약 성서에서 보는 예수님의 부활과 승천 사이에는 실질적인 차이가 없다. 그 두 가지 표현은 각기 다른 표상들로, 또 서로 다른 차원의 묘사로 예수님께서 죽음에 머물지 않으시고 오히려 당신의 죽음 안에서 모든 역사의 궁극적 의미, 즉 하느님께 도달하셨다는 사실을 강조한다.

바로 여기서 오늘날 우리의 물음들이 제기되어야 한다. 무엇보다도 다음과 같은 질문이 제기되어야 한다.

그렇다면 이 모든 것은 정말일까? 예수님의 죽음은 실제로 이 세상의 어둠으로부터 하느님의 영원한 빛에 이르는 도정이었을까? 그분은 참으로 자신이 믿었고 선포했던 아버지를 찾았는가? 아니면 상징적으로 그분이 죽음 한가운데서 하느님께로 눈을 들었을 때 그저 냉혹하고 무의미한 허무만을 발견하였을까?

장 파울(Jean Paul)의 죽은 그리스도의 답변

여기서는 위대한 그러나 거의 잊힌 독일의 시인 장 파울의 어느 글에 실려 있는 질문이 문제가 된다. 지금 말하려는 이 글은 1795년에 쓰인 것으로 제목이 다음과 같다.

"우주에서 아래를 향해 '하느님은 없다'고 외치는 죽은 그리스도의 답변."

성서에서 예수님의 승천 사화와 대조를 이루는 이 본문은 이미 그 제목부터가 익숙하지 않고 놀라움을 암시한다. 뿐만 아니라 본문 전체도 낯설고 충격적이다.

장 파울은 하나의 꿈을 서술한다. 그는 이 꿈속에서 밤하늘이 펼쳐진 가운데 무한한 우주 공간을 바라본다. 그는 우주의 가장 바깥 부분과 가장 내밀한 부분이 속속들이 드러나면서, 무덤이 열려 죽은 이들이 부활하는 장면을 보게 된다. 마침내 죽은 그리스도가 극도의 고통으로 전율하면서 더할 나위 없이 숭고한 모습으로 하늘에 나타난다. 그리스도가 하늘에 나타나자, 지상의 죽은 이들은 너무나도 놀라 외친다.

"그리스도여, 우리에게 말씀해 주십시오. 신이 있습니까, 없습니까?"

그분이 그들에게 한 대답은 이러했다.

"하느님은 없다!"

이어서 그리스도는 무덤 속에 있는 이들에게 당신이 죽으신 후 자신에게 어떤 일이 일어났는지 이야기한다.

"나는 걸어서 여러 세계를 다녔고, 태양을 지나 은하를 타고 하늘의 사막으로 날아갔다. 그러나 그 어디에도 하느님은 없었다. 그래서

나는 하늘로부터 이처럼 존재가 스스로의 그림자를 던지는 곳(무덤)까지 내려와 심연을 내려다보며 외쳤다.

'아버지, 당신은 어디 계십니까?'

그러나 나는 대답 대신 아무도 제어할 수 없는 끝없는 폭풍우 소리만을 들었다. 그다음, 반짝이는 무지개가 그 무지개를 만들어 낸 태양도 없이 심연의 나락 위에 멈췄다가 다시 서서히 아래로 떨어져 사라지는 것을 보았다."

이어서 소설의 내용 중 가장 무시무시한 장면이 나타난다. 즉 그리스도는 이렇게 고백하고 있다.

"헤아릴 길 없이 무한히 넓은 공간 속에서 나는 아버지의 두 눈을 찾았으나 결국 발견하지 못하였다. 다만 끝없는 우주만이 뻥 뚫린 빈 눈으로 나를 응시하고 있을 뿐이었다. 영원불멸이 혼란(카오스) 위에서 그 혼란을 뚫어지게 내려다보면서 곰곰이 생각하고 있었다."

이 글은 문체상 독일 문학권의 대걸작들 가운데 하나이며 실로 매우 충격적인 작품 중 하나이다. 파울은 여기서 현대인의 숨겨진 고민과 고독을 예견하여 경고할 뿐 아니라, 언젠가 한번은 모든 그리스도인을 엄습할 유혹에 대해서도 언급하고 있다. 그 유혹이란 다음과 같은 것이다.

죽음 후에 모든 것이 끝장난다면 어떻게 될까?

그저 무(無)가, 깊은 밤이, 끝도 없고 깨어남도 없는 영원한 잠이 온다면 어떻게 될까?

희망하는 모든 것과 믿음이 모두 헛된 것이었다면 어떻게 될까?

우리 죽음의 시간이 어떤 궁극적 의미에서가 아니라, 끝없는 물음 속에서 최종적이고도 절대적인 무의미로 끝나 버리면 어떻게 될까?

이미 성서의 예수님 승천 기사에서 고유하고도 결정적인 질문이 제기되었다고 생각한다. 오늘도 예수님의 승천 기사 앞에서 여전히 다음과 같은 질문—각 사람에게도 승천과 같은 일이 일어날 것인가?—과 씨름하는 사람은 무엇이 문제인지 아직 파악하지 못한 셈이다. 참으로 중요한 것은 다음과 같은 질문이다.

우리 삶이 궁극적 목표를 지니는가, 그렇지 못한가?

우리 삶이 어떤 궁극적인 모든 것을 포괄하는 의미를 지니는가, 그렇지 않은가?

이 질문에 대답해줄 수 있는 이는 아무도 없다. 우리 스스로가 답해야 한다.

장 파울이 우리에게 던져 준 환시(幻視)와 복음사가 루카가 묘사하는 표상(表象) 사이에서, 어떤 궁극적 목표와 그 목표가 없는 것 사이에서, 어떤 궁극적 의미와 무의미 사이에서 우리는 스스로 결정해야 한다. 예수 그리스도의 승천 축제가 우리를 바로 이러한 결단 앞에 서게 하고 예수님의 부활이 우리를 이 같은 결정에 직면하게 하며, 또 우리의 온 삶이 우리를 이러한 결정 앞에 서게 한다.

III
죽음 후에는 무엇이 오는가?

"죽음 후에는 무엇이 오는가?"

과연 이 물음은 우리에게 어떤 의미를 주는 질문인가?

도대체 우리가 이렇게 물어도 되는 것인가?

우리가 우리 삶 저 너머의 문제에 대해 이야기하는 것이 옳은가?

우리에게 저승에 대한 관망이 참으로 도움이 되는가?

우리가 영원한 삶에 대해 생각을 한다면 우리는 좀 더 나은 사람이 되는 것인가? 그렇게 하면 우리는 더 솔직하고, 더 의롭고, 더 현명하며, 더 인간적인 사람이 되는 것인가?

우리는 차라리 지상에서 우리 존재가 더 나아지도록 힘쓰는 것이 낫지 않은가?

우리는 지금 우리에게 주어진 이 삶을 가능한 한 진실하게, 또 인간적으로 이끌어 가도록 모든 노력을 기울일 뿐, 그 밖의 부차적인 일에 대해서는 입을 다물어야 하지 않을까?

삶의 신비, 삶의 어두운 면 그리고 삶의 수수께끼를 침묵과 인내와 용기와 신뢰 속에서 묵묵히 받아들이며, 우리에게 아무런 지식도 건네주지 않는 저승에 대해서는 신비 안에 머물도록 남겨 두는 편이 낫지 않을까?

얼마 전 어느 연로한 사목자와 이야기를 나누었다. 그분은 자기 교구에서 존경받는 명망이 높은 분으로, 본당을 모범적으로 이끌며 매주 복음을 책임 있게 설명해 오신 분이다. 따라서 그분이 경솔하게, 또 생각 없이 한 말이라고 독자들이 그를 비난할 수 없다는 것은 하느님이 아실 것이다. 그가 대화 중 다음과 같이 말했을 때 필자는 이를 매우 신중히 받아들였다.

"우리 성직자들이 죽음 후의 삶에 대해서, 저승에 대해서, 또 부활에 대해서 예나 지금이나 너무 성급히 말해 버린다는 사실을 아십니까? 이 모든 것이 아직도 너무나 가볍게 우리 입에 오르내리고 있습니다. 나는 우리 본당에서 아주 많은 이들과 사귀었습니다. 특히 평범하고 순박한 이들, 노인과 병자들과 말입니다. 나는 그저 이렇게 말할 뿐입니다. 죽음 후에 무엇이 따라오느냐 하는 것은 내가 본당에서 만난 사람들에게 문제가 아니었다고 말입니다. 그들의 진정한 걱정은 다음과 같은 것이었습니다.

우리 자식들도 역시 행복할까?

그들을 위해 내가 충분히 해 주었을까?

나와 관계 맺은 사람들은 어떻게 될까?

내가 더 이상 존재하지 않는다면 내 남편 혹은 내 아내는 어떻게 될까? 혹시 내가 병으로 인해 다른 이들에게 짐이 되는 것은 아닐까?

나는 한 번도 저승에 대해 말하지도 않았고 또 영원한 삶에 대해 묻지도 않았지만, 자기 삶을 조용히 받아들이며 결국 삶을 인내와 용기로 끝까지 이끈 수많은 사람을 알게 되었습니다. 이러한 모습이 바로 참된 그리스도인다운 삶이 아닐까요? 인간이 이보다 더 높은 경지에 도달할 수 있을까요?

이 사람들에게 저승에 대해서 아직도 이야기해야 할까요?"

이 이야기는 필자로 하여금 매우 깊은 생각에 잠기게 했다. 이처럼 말한 그는 모범적인 사목자였으며, 내가 아는 한 그리스도교적 임무를 한 번도 소홀히 하지 않은 본당 신부였기 때문이다. 그런데도 나는 그의 의견에는 동의할 수 없었다. 물론 많은 이들이 자기 자신만을 위하여 살지 않고 다른 사람을 위해서도 살고 있으며, 그들의 삶을 인내와 용기로 받아들이고, 아울러 거의 또는 전혀 저승에 대해 묻지 않는다는 말이 사실이지만 말이다. 아울러 그들이 이 세상 삶과 삶의 의미, 또 그 신비에 '네'라고 동의하기 때문에, 그들이 근본적으로는 그리스도교적 삶을 영위한다는 사실, 이 모두는 옳다고 말할 수 있다.

하지만 이 침묵하는 익명의 그리스도인의 존재가 궁극적인 것이 될 수는 없다고 생각한다. 규명하기 어려운 것을 침묵으로 받아들인다는 점으로 보아 인간적이라고는 할 수 있으나 이것으로 만족한다고는 할 수 없다. 인간은 늘 캐묻는 자, 모든 것에 대해 질문을 던지며 결코 그 물음을 그치지 않는 존재이기 때문이다.

'인간은 질문하는 자'라는 바로 이 점이 인간과 동물을 구별하는 차이다. 때문에 인간이 자신의 질문에 그저 침묵하고 겸손할 뿐 늘 새롭게 질문하지 않는다면 그는 아직 자신의 인간성을 온전히 실현하지 못하고 있는 것이다.

그러기에 우리는 다음과 같은 질문을 해야 하며 또한 그러는 것이 자연스럽다고 생각한다.

죽음을 통하여 우리에게 무엇이 일어나는가? 우리가 죽으면 우리의 삶, 우리의 자아(自我), 우리의 의식, 우리 존재에 무슨 일이 일어나는가? 그것으로 우리는 끝나 버리는가? 그때에는 긴 밤, 영원한 잠, 무(無)가 따라오는가? 그러면 우리는 영원히 사라져 버리는 것일까? 아니면 우리 그리스도인들이 그렇게 진부(陳腐)하면서도 대신할 수 없는 용어로 영원한 행복이라고 일컫는 참삶이 비로소 찾아오는 것일까? 죽음 후에는 무엇이 오는가?

우리에게는 이렇게 물을 권리와 의무가 있다.

그러나 우리가 이렇게 물어도 된다는 사실이 확실하다 해도 이 물음에 대한 해답이 있는가? 우리가 죽음의 신학적 관점에 대해, 즉 죽음을 통하여 우리에게 무엇이 발생하는지 그리고 죽음 저편에서 무엇이 발생하는지를 논한다면 우리는 우리 가운데 아직 아무도 겪어 보지 못한 사실에 대해 논하는 것이 되며 우리 가운데 아직 아무도 가 보지 못한 그 길에 대해 이야기하는 셈이 된다. 이런 질문에 대한 답변이 주어질 수 있을까?

믿음의 영역 밖에서는 어떤 답변도 보장받지 못한다. 죽음 후에 무엇이 발생하는지 우리는 다만 믿음을 통해서만 알 뿐이며, 오직 믿음에 의해서만 이에 대해 논할 수 있게 된다. 필자는 처음부터 이 점을 아주 분명히 말해 두고 싶다. 이것을 자연 과학자나 의사 또는 철학자로서가 아니라 신학자로서, 즉 하느님의 말씀을 해석할 임무를 띤 사람으로서 말하고자 한다. 그러므로 다시 한 번 이렇게 강조한다.

죽음 후에 우리에게 무엇이 일어나는지 우리는 오직 믿음을 통해서만 알 수 있다. '오직 믿음을 통해서만'이라는 이 말을 결코 어떤 부정적인 것, 우리가 무엇을 명확히 알지 못할 때 그대로 남는 어떤 것으로 이해해서는 안 된다. 그것은 신학적 의미에서 '믿는다'는 것을 뜻하지 않기 때문이다. 믿음은 몸소 깨달음을 뜻한다. 믿음이란 다른 어떤 이에게 자기 심중을 토로하며 바로 그렇게 함으로써 깨닫게 되는 것을 뜻한다. 이러한 의미에서 우리는 오직 우리가 믿고 신뢰하는 가운데서만 인간적 삶의 모든 엄청난 일에 대하여 알게 된다.

이제 우리는 인간의 애착과 사랑의 체험이라는 가장 크고도 중요한 과제를 생각해 보자.

어떤 사람이 우리를 진심으로 사랑한다면 우리는 그 사실을 그저 믿을 뿐이며 거기에 대하여 다만 신뢰할 뿐이다. 여기에는 어떤 분석이나 실험도 도움이 되지 않는다.

우리가 어떤 사람을 심리학적으로 분석하면 할수록 그는 우리에게서 더 멀어질 뿐이다. 물론 거기에는 사랑의 보장과 표식, 더 나아가 사랑의 증거까지 있을 수도 있다.

하지만 다른 사람이 우리에게 제공하는 사랑의 모든 보장 이면에 미묘한 극도의 이기심이 숨어 있지 않다는 것을 어떻게 알 수 있는가? 다른 사람이 우리를 진정으로 사랑한다는 사실을 우리는 그저 믿을 뿐이다. 우리가 다른 사람의 사랑을 믿고 그 사랑을 우리 자신의 사랑으로 받아들일 때, 또 더불어 마침내는 감히 어리석은 자, 그리고 기만당한 자가 되려는 모험을 감행할 때 비로소 우리는 참으로 궁극적으로 사랑받고 있다는 사실을 체험하게 되는 것이다.

이미 말한 바와 같이 인간적 삶의 커다란 모든 일들은 이와 같은 상태에 있다. 따라서 죽은 다음에 무엇이 우리에게 다가오는지 알고자 하는 것 역시 그러한 상태와 같다. 여기서도 우리는 또한 믿고 신뢰해야 한다.

우리는 죽음 안에 우리 생(生)의 목적과 신비가 숨어 있음을 깨달아, 우리가 죽음으로써 무(無)가 아니라 하느님 품으로 갈 것을, 죽음 안에서 광대한 지평이 우리에게 열릴 것이라는 사실을 믿어야 한다.

그때 우리는 하느님을 궁극적으로 또 영원히 만나게 될 것이다. 이미 우리는 새로운 주제 한가운데에 와 있는 셈이다. 그 주제는 다음과 같다.

죽음 후에는 무엇이 오는가?

그 첫 대답은 다음과 같다.

우리는 죽음을 통하여 하느님과 궁극적으로 또 영원히 만나게 될 것이다.

이 문장에서 '궁극적'이라는 말이 결정적 역할을 한다. 우리는 이미 하느님을 현세 삶에서 갖가지 방법으로 만나고 있기 때문이다. 행복할 때나 어려울 때 우리는 기도 중에 그분을 만난다. 우리는 우리가 다른 사람에게 표명하는 여러 가지 봉사 활동을 통하여, 그리고 다른 사람과 더불어 나누는 모든 경건한 대화에서 하느님을 만난다.

하지만 이 모든 만남 안에서도 하느님은 우리에게 나타나지 않으신다. 그분은 침묵하시는 것처럼 보인다. 참으로 그분은 우리에게서 늘 멀리 계신 것처럼 보인다. 우리는 그분을 한 번도 꽉 붙잡을 수 없고,

"이제 나는 그분을 알았다."라고 말할 수도 없다.

우리는 언제나 되풀이하여 그분께 다가가는 새로운 도정 위에 있으며, 언제나 되풀이하여 그분과 더불어 새롭게 시작해야 한다. 우리는 갖가지 방법으로 하느님을 만나지만, 또 그분과 더불어 끝없는 곳을 향해 가는 것이다.

우리는 죽음을 통하여 우리가 기도하는 하느님, 우리가 갈망하고 희망하며 믿는 하느님을 궁극적으로 만나게 된다. 하늘에 대해 이야기할 때 우리는 우리를 기다리는 어떤 사물을 생각하지 않는다. 사물은 오직 이 세상에만 존재한다. 하늘은 하느님을 만나는 곳이다. 그때에 하느님 자신이 우리 앞에서 찬란히 빛나실 것이고, 어느 누구도 그때 있을 광경을 설명할 수 없다. 우리는 기껏해야 우리에게 한 번 있었거나 우리가 미몽(迷夢)에서 깨어나 한 번 깨달은, 이전에는 거기에 대해서 아무것도 모르던 관계를 갑자기 깨달은 전적인 압도감으로 인하여 우리 생애의 시간들을 겨우 생각해 낼 수 있을 뿐이다.

또한 이러한 비교는 본래 하느님과의 실제적인 만남의 전율로 인하여 사라질 무기력한 시도일 뿐이다. 죽음을 통하여 우리는 하느님을 궁극적으로 만나게 될 것이다. 그때에 우리는 그분이 우리에게서 멀리 떨어져 계신다고 생각하던 때에도 그분이 얼마나 우리 가까이에 늘 머무셨던가를 깨닫게 될 것이다. 그때에 우리는 하느님이 얼마나 위대하시고 거룩하신지 알게 될 것이며, 우리가 그분에 대하여 우리 스스로 생각하던 모습보다 무한히 위대하시고 거룩하시다는 것을 인정하게 될 것이다. 하느님은 그때부터 우리의 모든 생각과 우리의 존재 전체를 채울 만큼, 궁극적으로 또 영원히 그렇게 위대하시고 거룩하게 우리 앞에서 빛나실 것이다.

이렇게 볼 때 우리 그리스도인들이 하느님 품에서의 삶에 대해 그토록 즐겨 쓰는 '영원한 안식'이란 의미는 별로 좋지도, 또 행복하지도 않은 개념인 것처럼 보인다. 하느님과의 만남은 우리를 미지의 어떤 영원한 안식으로 이끄는 것이 아니라 언제나 하느님의 사랑과 축복에로 더 깊이 몰아넣는 엄청나고도 숨 가쁜 삶이요, 행복의 폭풍우이다. 우리는 죽음을 통하여 하느님을 궁극적으로 영원히 만나게 될 것이다. 이제 두 번째 명제를 보자.

이 만남이 우리에게는 심판이 될 것이다.

우리 모두는 다음과 비슷한 경우를 이미 체험하였을 것이다.
우리는 매우 친절하고 순수한 어떤 사람을 만나게 되면 갑자기 스스로를 다른 눈으로 보게 된다. 동시에 우리는 우리 자신이 얼마나 편협하고 이기적이며 우리 마음 깊이 갇혀 있고, 얼마나 석연치 않은 길을 걸어왔으며 또 얼마나 우리 생활을 바꿔야 하는지를 깨닫게 된다. 어떤 위대하고도 친절한 사람이 우리를 신뢰하고 우리 또한 그를 신뢰하게 된다면 모든 기쁨에서 어떤 놀라움이 우리를 스쳐갈 것이다. 그것은 우리가 다른 사람에 대한 신뢰와 사랑에 얼마나 인색한가 하는 놀라움이다.

하느님과의 만남이 어떻게 해서 심판이 되는지를 파악하려면—이러한 방식의 체험은 필수적인 일일 것이다. 죽음을 통하여 하느님을 만날 때 우리는 처음으로 우리가 실제 누구인지 깨닫게 될 것이다. 하느님은 우리를 향해 심판대에 앉으실 필요가 전혀 없고, 마치 피고에게 재판관이 권고하듯 권고할 필요가 없으며, 우리에게 다음과 같이 말할 필요도 없다.

"너는 이러이러한 점에서 무자비하게 거절하였다. 나는 이러이러한 것을 네게 주지시켜야겠다. 이러한 점에서 너의 잘못이 있다. 나는 너를 심판해야 한다."

아니다. 하느님에게는 이런 의미에서의 심판은 없을 것이다. 모든 것은 매우 다르게 나타날 것이다.

우리가 하느님을 궁극적으로 만날 때 하느님이 우리를 일생 동안 사랑하시던 그 선하심과 사랑의 척도를 체험하는 가운데, 우리 눈은 우리 자신에 대해 스스로 열리게 될 것이다. 우리는 무서운 어떤 놀라움으로 우리의 독선, 무정함, 냉혹함, 이기주의를 깨닫게 될 것이다. 우리가 한평생 쌓아 올린 모든 자기기만과 환상이 일순간에 붕괴될 것이다. 우리 자신을 감싸고 있던 가면들이 벗겨질 것이다.

우리 스스로나 다른 사람에게 연기해 보이던 모든 것을 우리는 이제 중지해야 한다. 이는 끝없이 고통스러운 일이며 마치 불처럼 우리를 스쳐 지나갈 것이다. 하느님이 우리 앞에서 찬란히 빛나실 때 우리는 우리가 참으로 존재했어야 할 모습과 실제로 존재했던 모습을 동시에 깨닫게 될 것이다. 심판은 바로 이러한 것이며 다른 어떤 것이 아니다. 또한 이것이 바로 우리의 '연옥'이다.

필자는 연옥이란 말을 입에 담기를 아주 싫어한다. 이 말은 매우 좋지 않은, 오해하기 쉬운 단어로 이미 고착되었기 때문이다. 이 말은 의미를 분명히 하는 것이 아니라 오히려 더 어렵게 만든다. 하지만 이 말이 진정으로 뜻하는 바는 현대 신학에서도 매우 진지하게 받아들이는 하나의 실제성이다.

이 실제성은 거룩하신 하느님과의 만남에서 우리 눈이 우리 자신에 대해 열린다는 것, 우리가 실제로 무엇인가 하는 깨우침이 우리에게는 한없이 고통스럽다는 것, 아울러 이 고통이 바로 우리를 정화하며 그제야 온전히 하느님을 만날 수 있게 된다는 것이다. 그리고 이 모두가 우리에게 시한적인 벌(罰)이나 하나의 상황으로 부과되는 사건이 아니라 직접적으로 하느님과의 만남에서 일어나는 일로, 이 만남을 비로소 가능하게 하는 사건으로 이해할 수 있다. 간단히 이렇게 표현해 보자.

우리의 죽음을 통하여 이루어지는 하느님과의 만남은 우리를 심판으로—마치 불처럼 우리를 스쳐 지나가는—인도할 것이다. 물론 세 번째 명제를 덧붙이지 않는다면 이 모든 것은 일방적인 것이 되고 말 것이다.

이 만남에서 우리는 하느님을 우리의 심판관으로 체험할 뿐 아니라, 하느님의 자비와 사랑도 영원히 체험하게 된다.

이 세 번째 명제에 대해 좀 더 연구해 보도록 하자. 예수님의 가장 명백하고도 강력한 권고 중 하나는 우리가 늘 용서해야 한다는 것이다. "일곱 번뿐 아니라 일곱 번씩 일흔 번이라도 용서하여라."(마태 18,22) 다시 말하면 우리는 언제나 우리를 사랑하고 우리에게 호의를 베푸는 사람뿐 아니라, 우리를 미워하는 사람에게도 참으로 용서를 베풀어야 한다. 하느님은 용서하는 데 있어서 우리에게 제한 없는 준비와 척도, 전제 조건 없는 용서의 자세를 요구하신다. 이는 하느님이 그렇게 용서하신다는 것을 의미한다.

그렇지 않으면 결국 그분은 스스로가 실행하지 않는 바를 우리에게 요청하시는 셈이 되는 것이다. 이는 있을 수 없는 일이다. 그분은 언제나 예외 없이 용서를 베푸신다. 그분은 조건 없이 용서하신다. 그분의 자비는 한계를 모른다. 그렇지 않고서야 어떻게 예수님이 "하늘에 계신 너희 아버지께서 자비로우신 것처럼 너희도 자비로운 사람이 되어야 한다."라고 말씀하실 수 있었겠는가?

그러므로 우리는 죽음을 통해 선하고 자비로우신 하느님을 만나게 되리라고 확신해도 좋을 것이다. 하느님의 선하심과 사랑은 우리가 이 세상 삶을 살아갈 때도 느낄 수 있지만, 생의 마지막 순간 우리가 하느님을 만나, 우리 눈이 열리고 우리 자신의 무자비함과 무정함을 깨달을 때 비로소 아주 명백히 밝혀질 것이다. 그때에 하느님은 마치 잃었던 아들의 비유에 나오는 어진 아버지와 같이 우리를 맞아들이며 잘못과 의로움에 대해 묻지 않으실 것이다. 오히려 그분은 우리를 무한한 환희로 당신에게 끌어당기실 것이다. 이는 우리 죽음의 고유한 체험이 될 것이다.

이 체험은 하느님의 사랑, 선하심 그리고 자비로우심에 대한 것이리라.

앞에서 죽음에는 우리 삶의 목표와 신비가 감추어져 있다는 사실을 우리는 다만 믿을 뿐이라고 하였다. 이제 여기에 다음과 같은 사실을 덧붙이고자 한다.

하느님이 온전한 사랑과 자비로 우리를 맞아들이신다는 사실을 다만 우리는 '믿으면서' 기다릴 뿐이다. 아무런 증거도 여기에는 도움이 되지 못한다. 우리는 이미 사랑이란 결코 입증될 수 없다는 것을 안다. 우리는 다만 사랑을 믿고 우리의 고유한 사랑을 통하여 사랑에 응답할 뿐이다. 하느님의 사랑을 굳이 믿고자 하는 사람이면 누구나 마지막 날 우둔한 이와 실망하는 이의 편에 들지 않을 것이다. 죽음은 하느님의 사랑을 믿는 사람을 파악할 수도 없고 표현할 수도 없는 하느님 사랑의 신비 안으로 끌어들일 것이다.

죽음을 통하여 인간을 만나시는 하느님, 우리 앞에서 찬란히 빛나시며 심판하시고 용서하시는 하느님에 대하여 제법 장황하게 말했다. 이제는 바로 이 하느님이 맞이하시는 '인간'에게로 더 가까이 접근해 보자.

지금까지 필자가 '인간'에 대한 이야기는 하였으나 인간의 영혼에 대해서는 아직 이야기하지 않았음을 여러분은 분명히 의식하였을 것이다. 지금까지 필자는 한번도 "죽음을 통하여 인간의 영혼이 하느님을 만난다."고 표현하지 않고 언제나 "인간이 하느님을 만난다."고 표현해 왔다. 이는 이미 잘 알려진 바이고 현대 신학 안에 매우 널리 확장된 동향과도 일치한다.

지난 세기 동안 우리는 대개 다음과 같이 도식화했다.

죽음으로 인간의 영혼과 육신은 분리된다. 영혼은 하느님께로 나아가 심판을 받는다. 하느님이 이 영혼에게 영원한 복을 주시면 그 영혼은 하느님의 직관 속에 머물다가 죽은 자들이 부활하게 될 최후 심판 때 찬란히 빛나는 육신과 결합한다.

이러한 관념은 이미 초기 그리스도교 신학에 널리 알려져 있었으며, 오늘날에도 아직 많은 그리스도인 사이에 퍼져 있다. 그러나 이와 동시에 우리는 하나의 보조 관념, 즉 시간의 제약을 받는 관념 양식[틀]이 문제가 된다는 사실을 명확히 규명해야 하겠다.

신약 성서는 이 세상 종말에 이르러 있을 인간의 온전한 부활에 대하여 이야기하고, 다른 한편으로 인간은 개별적 죽음을 통하여 앞당겨 하느님을 직접 만나야 한다는 사실로 이 관념 양식을 결론지으려고 했던 것이다.

이 두 가지 사실, 최후 심판 날에 있을 육신의 부활(공심판)과 개별적 죽음을 통해 이루어지는 하느님과의 개별적 만남(사심판)은 모두 포기해서는 안 될 그리스도교 신앙에 속한다.

사람들은 이 양자 모두를 견지하려 했으며, 죽음과 동시에 '영혼'이 하느님께로 나아가지만, 이에 반해 '육신'은 세상 종말에 가서야 비로소 하느님에 의해 부활하게 되리라는 사실을 표상함으로써 이 두 가지를 모두 견지할 수 있다고 믿었다.

오늘날에 와서 이러한 관념 양식은 신학에서 점차 사라지고 있다. 그것은 성서가 아니라, 다만 그리스 철학에서 연유한 몇 가지 전제 조건들, 즉 현대 신학에서 언제나 더 큰 문젯거리로 대두되는 다음의 전제 조건들을 제기하기 때문이다.

인간은 영혼과 육신으로 아주 깨끗이 분리될 수 있다. 이때 그 영혼은 인간의 보다 소중하고 더 나은 부분으로 머물며, 영혼은 또한 육신 없이도 하느님을 만날 수 있다.

하지만 도대체 이러한 의미의 영혼이 존재하는가?

영혼과 육신을 서로 분리시키고 다시 꿰맞출 수 있는 두 개의 구성

요소와도 같이 표상해도 되는 것인가?

분명히 그렇지 않다!

육신과 영혼은 인간의 두 부분이 아니라 하나의 유일하고도 나뉠 수 없는 실재, 즉 인간의 서로 다른 두 가지 양상이다.

인간은 영혼이며 또한 육체이다. 그러나 그 영혼과 육신은 분리될 수 없는 하나의 통일체로서 존재한다. 그러므로 죽음 역시 전(全) 인간을 겨냥한다. 죽음이 다만 육체만을 엄습한다고 주장하는 사람은 죽음의 실제성을 진정으로 받아들이지 않은 것이다. 그렇게 되면 마치 감옥에서 석방되듯이 죽음을 통하여 영혼은 육체로부터 빠져나와 하느님께로 달려가는 것처럼 보인다. 그러나 그렇지 않다. 죽음은 인간 전체, 전 인간의 실존을 좌우한다. 우리는 죽어야 하며 우리와 우리의 모든 것이 죽어야 한다.

이 사실을 다르게 표상하는 사람은 자신이 죽음의 가공(可恐)할 엄숙함을 올바로 평가하고 있는지 스스로 물어야 할 것이다. 그렇다. 그는 그 자신이 육신을 어떤 불필요한 것, 나아가 부정적인 것으로까지 생각하고 있지는 않은지 스스로 물어야 한다. 영혼이 하느님 앞에서 그의 온전한 복─육신이 없는 가운데서도─을 누린다면 육신의 부활은 단순히 여분의 것이 되기 때문이다. 육체에 대한 눈에 띄지 않는 어떤 경멸이 이 관념 양식 전체에 흘러든 것이 아닐까?

그 반대의 생각이 옳다.

인간은 하나의 통일체라는 사실, 그러므로 전 인간이 죽음을 겪어야 한다는 사실을 분명히 할 때 죽음을 통하여 육신과 영혼이 더불어, 즉 전 인간이 하느님께로 나아간다는 사실을 더욱더 쉽고 굳건히 고수하게 될 것이다. 우리는 허무(虛無) 속으로 죽어 가는 것이 아니라, 하느님과 더불어 영원한 삶으로 넘어가기 때문이다. 죽음은 우리를 온통 차지하지만 우리로 하여금 온전히 하느님 앞에 궁극적으로 머물게 한다.

우리는 모두 죽어야 하며 우리와 우리의 모든 것이 죽어야 한다. 이것이 올바른 견해이다. 이와 똑같이 우리가 하느님께로 나아가게 되리라는 사실, 우리와 우리의 모든 것이 하느님께 도달하리라는 사실이 옳다. 죽음을 통하여 우리 영혼은 하느님께로 나아가고 육신과는 상반되는 것으로 이해한다면 우리 '인간 존재' 전체가 하느님께로 간다는 사실은 도무지 깨닫지 못하게 될 것이다.

인간은 다만 어떤 추상적 영혼만이 아니기 때문이다. 인간은 육신이며, 더 나아가 인간은 하나의 온전한 '세계'이다. 기쁨과 고통, 행복과 슬픔, 선한 행위와 악한 행위, 생애를 통해 이룩한 온갖 업적, 인간이 만든 모든 것, 살면서 가진 생각, 시달린 시간들, 울 때마다 흘린 눈물, 얼굴을 스치고 지나간 개개의 미소, 살아온 길고도 개별적인 경험들, 이 모든 것으로 이루어진 것이 인간이다. 이 모두가 영혼으로서 인간일 뿐 아니라 동시에 육신으로서 인간이기도 하다.

영혼과 육신으로서의 온전한 인간이 하느님께 이르는 것이 아니라

면, 인간은 자기 생애의 경험 전체를 하느님 앞으로 가지고 나아가지 못할 것이다.

얼마 전 러시아 시인 예브게니 예브투셴코의 매우 감동적인 시를 한 편 읽었다. 이 시를 통해 필자가 표현하고자 하는 바를 명확히 전할 수 있을 것 같다. 그 내용은 다음과 같다.

사람은 누구나 자기 고유의
비밀에 싸인 세계를 지닌다.
이 세계에는 가장 좋은 순간이 존재하고
이 세계에는 가장 처절한 시간이 존재한다.
하지만 이 모두가 우리에게는 숨겨진 것.

한 인간이 죽을 때에는
그와 함께 그의 첫 눈도 녹아 사라지고
그의 첫 입맞춤, 그의 첫 말다툼도…
이 모두를 그는 자신과 더불어 가지고 간다.
벗들과 형제들에 대하여 우리는
무엇을 알고 있으며
가장 사랑하는 이에 대하여
우리는 과연 무엇을 알고 있는가?

그리고 우리의 참아버지에 대하여
우리가 알고 있는 모든 것은
우리가 아무것도 모른다는 것.

사람들은 끊임없이 사라져 가고…
또다시 이 세계로 되돌아오는 법이 없다.
그들의 숨은 세계도 다시 나타나지 않는다.
하여 매번 나는 새롭게
오직 하나뿐이라고 외치고 싶다.

J. 예브투셴코는 각 사람은 스스로에게 하나의 세계, 고유하고 서로 뒤바뀔 수 없는 세계라고 말하고 있다. 각 사람 안에는 자기 과거의 경험과 체험이 살아 있다. 첫사랑의 체험, 첫 고통의 체험, 그리고 첫눈에 대한 경험이 우리 무의식 속에 깊이 맴돌고 있다. 아울러 사람은 오로지 그만이 할 수 있었던, 그리고 오로지 그에게만 속하는 그 사람만의 아주 고유한 체험을 갖기 때문에 각자 어떤 무한히 소중하고도 파악할 수 없는 신비로 머문다. 바로 이 때문에 죽음은 무시무시한 그 무엇이다. 한 사람이 숨을 거두면 그와 더불어 그의 첫 입맞춤과 첫눈, 그의 모든 사랑과 고통, 기쁨과 슬픔도 죽는다. 사람이 숨을 거두면 그때마다 아직 존재한 적이 없던 아주 개인적인 세계(인간)가 사라진다.

각 사람에게만 속해 있는 이 고유한 신비에 가득 찬 세계에 대한 놀라움은 우리가 신앙 안에서 죽은 이들의 부활에 대하여 이야기할 때 그것이 무엇을 뜻하는지 어렴풋이나마 파악하기 위하여 꼭 필요한 하나의 전제 조건이라고 생각한다.

부활이란 전 인간, 한 사람이 자신의 모든 체험과 과거 전체, 자기의 첫 입맞춤과 첫눈, 그가 이야기한 모든 말, 그가 행한 모든 업적과 함께 하느님께로 가는 것을 뜻한다. 이 모두는 어떤 추상적 영혼 그 이상의 어떤 무한한 것이기에 죽음을 통하여 사람의 영혼만이 하느님 앞에 나아간다는 것은 상상도 할 수 없는 것이다.

지금부터 네 번째 명제를 도식화해 보고자 한다.

죽음에서 '육신과 영혼'과 함께한 인간 전체가, 즉 자신의 온 생애와 더불어 자신의 개체적 세계와 함께 자기 생애의 고유한 온갖 업적을 가지고 하느님 앞에 나아간다.

이제 우리는 한걸음 더 나아가야겠다. 인간은 타인과의 접촉 없이 결코 스스로를 깨달을 수 없다는 사실은 현대 인간학의 기본 통찰 중 하나이다.

실존한다는 것은 타인을 체험하는 것을 뜻한다. 어릴 때 부모로부터 선(善)을 체험한 사람만이 훗날 그 자신도 착한 사람이 될 수 있다.

많이 사랑받은 사람만이 훗날 타인을 사랑할 수 있으며, 타인을 그 나름대로의 특성에 따라 인정하는 사람만이 자기 스스로를 인정할 수 있다. 인간은 다른 사람과의 관계 안에서, 타인과의 공존 안에서, 세상에 대한 공통된 삶 안에서만 참인간이 되는 것이다.

방금 각 사람은 자신의 고유한 개인적 세계를 가지며 이 세계를 하느님께로 가지고 간다고 하였다. 그러나 이제 이렇게 덧붙여야 하겠다.

즉 이 고유한 개인적 세계에는 자신과 더불어 일생 동안 함께 시간을 보낸 모든 사람들이 포함된다. 부모, 형제자매, 아내, 남편, 아이, 친척, 친구, 자신이 책임지던 사람들, 그리고 또 다른 많은 사람들이 여기에 포함된다. 그들 모두가 우리 인상에 남아 있고, 우리 생의 역사에 속한다. 인간의 삶은 우리를 주변 사람들과 연결해 주는 거미줄과도 같은 수천의 올[인간관계] 없이는 생각할 수 없다.

우리가 자기 생의 온 세계를 가지고 하느님 앞에 나아간다고 한다면 우리는 이 이웃과 더불어 하느님 앞에 나아가야 하는 것이다. 이제 우리와 관련된 사람들이 다시금 많은 사람과 관련되고 그들은 또 다른 이들과 계속 관련된다고 생각한다면 독자들은 사람이 결코 개별적으로 하느님을 만난다고만 말할 수 없으며, 아울러 사람은 언제나 모든 사람과의 만남에 대하여, 온 인류와 전(全) 역사와 더불어 하느님을 만나는 것에 대하여 이야기해야 한다는 사실을 파악하게 될 것이다. 따라서 이 문제를 다섯 번째 명제에서 설명하겠다.

우리의 고유한 개인적 세계와 더불어 다른 세계와 전 역사는 불가분의 관계에 있다. 그러므로 죽음에서 나 이외의 다른 모든 사람의 역사가 우리 자신과 더불어 하느님 앞에 함께 나아가게 된다.

온 인류가 하느님 앞에 나아가게 되리라는 것, 하느님이 모든 사람 앞에 그리고 모든 역사 앞에 나타나시리라는 것, 그분이 모든 사람과 역사 전체를 심판하시리라는 사실, 그리고 결국 우리는 개별적으로 하느님의 삶에 참여하는 것이 아니라 성도들의 공동체 안에서 참여하는 것임을 교회는 언제나 믿어 왔다.

확실히 전통 교의는 하느님과 온 인류와의 이 만남을 세상 종말의 어느 순간으로 미루어 왔다.

죽음을 통하여 전 인간이 하느님 앞에 나아가게 된다는 사실을 진정으로 받아들이는 동시에, 그 생명은 개개인에게 속한다는 사실, 즉 한 덩어리의 전체 세계가 개개인에게 속하며 이 세계에 다른 많은 사람들도 속한다는 사실을 파악하는 순간, 바로 그 순간에 내가 반드시 수긍해야 할 것이 있다. 그것은 죽음을 통하여 나는 나와 내 세계에 속한 그 모든 사람과 함께, 참으로 다른 모든 이들과 함께 하느님 앞에 나아가게 될 것이라는 사실이다.

하지만 과연 이것이 가능한 일인가? 이 모두가 터무니없는 생각은 아닐까? 나는 아직 살아 있지만 나의 많은 친구들은 이미 죽었다. 어떻게 그들이 나와 함께 동시에 하느님 앞으로 나아간단 말인가? 내가 죽어도 다른 사람은 계속 살아 있는데 어떻게 그들이 나와 함께 하느님 앞으로 나아간단 말인가? 또 나와 내 주변 사람들이 죽는다 해도 세계 역사는 지속된다. 수천만 년 계속될 것이다. 어떻게 이 모든 역사가, 이 모든 사람이 죽음을 통하여 나와 함께 동시에 하느님 앞에 나아갈 수 있단 말인가?

이제 이 시점에서 필연적으로 시간 개념에 대하여 한마디 해야 한다고 생각한다.

시간은 우리에게 지나치게 실제적인 것으로 보인다. 우리 삶이 파묻혀 있는 이 시간은 우리에게 견고하고 또 변경할 수 없는 것으로 보인다. 우리는 시간 안에 살고 있으며 이를 따라야 하며 이를 뛰어넘을 수는 없다.

그러나 시간은 우리가 언뜻 생각하는 것보다 훨씬 더 불확실하고도 약하다. 그 이유는 시간이야말로 우리 세계의 다른 물질과 같은 그런 것이 아니기 때문이다. 시간은 그 자체[卽自]로서는 아무것도 아니다. 시간은 우리 의식 세계의 한 직관 양식으로 그 안에서 우리가 사실의 지속성을 체험하는 한 양식이다. 이미 물리학에서 우리의 시간 개념은 구멍이 나 버렸다. 초심리학(Parapsychology)적 현상들이 더욱더 시간의 상대성을 지적하고 있다. 우리 세계의 저편에도 아직 시간이 존재하는가?

우리는 흔히 이를 당연하게 전제한다. 죽은 후 개별 심판(사심판)과 세상 종말 때의 최후 심판(공심판) 사이를 구별하는 사람은 저승에도 시간이 있다고 전제한다. 죽은 후 사람의 정화가 일정한 기간을 요한다고 생각하는 사람은 저승에도 시간이 있다고 전제하는 셈이다. 인간의 영혼이 우선적으로 육신 없이 하느님께 나아가고, 육신은 후에 결합된다고 생각하는 사람은 저승에 시간이 있다고 전제한다. 우리보다 1천 년 후에 이 세상에 살게 될 사람들은 우리보다 1천 년 후에 가서야 하느님 앞에 나아가게 되리라고 믿는 사람은 저승에 시간이 있다고 전제하는 것이다.

그러나 실제에서 시간이란 마치 공간과도 같이 우리 현실 세계의 한 기능일 뿐이다. 공간과 시간은 그 안에서 우리가 이 세상의 현존을 체험하는 직관 양식들이다. 이러한 것들은 우리의 이 세상 체험과 관련되어 존재하다 사라져 버린다. 하느님의 세계에는 더 이상 우리 공간이 없을 뿐 아니라 우리 시간도 없다.

다시 말하면 인간이 숨을 거두고 하느님의 세계로 가는 바로 그 순간, 더 이상 시간 속이 아니라 현세의 모든 시간 저편에 실존하게 된다는 것을 의미한다. 인간의 현세적 시간은 그가 살던 모든 실존의 순간이 하느님 안에서 인간의 실존에로 완성될 때에 한해서만 의미를 지닌다. 하느님 곁에서 그의 새로운 실존은 그의 모든 현세의 시간, 물론 하느님에 의해 거룩하게 되고 들어 높여지는 시간의 결실이요, 종합이지만 그 실존 자체는 더 이상 시간 안에 존재하지 않는다.

이러한 고찰이 옳은 것이라면 더 이상 어떤 특정한 인간이 다른 어떤 사람보다 하느님 앞에 먼저 나아간다고는 말할 수 없다. 이는 곧 저승에도 현세적 시간이 있으며 거기에는 하루, 한 달, 일 년이 마치 우리 세계에서처럼 흘러간다고 전제하는 것이 되기 때문이다. 오히려 우리는 이렇게 말해야 할 것이다.

하느님께 현세적 시간이 더 이상 존재하지 않는다면 모든 사람이 비록 전혀 다른 시간에 죽었다 하더라도 '같은 시간', 즉 영겁의 유일하고도 영원한 '순간'에 하느님을 만나게 될 것이다. 하느님께 더 이상 현세적 시간이 존재하지 않는다면 내가 숨을 거두는 순간에 이미 역사는 끝나 버리며, 나와 하느님의 상봉은 온 인류와 하느님의 만남과 하나가 될 것이다. 하느님께 현세의 시간이 더 이상 존재하지 않는다면 내 죽음은 이미 최후 심판이 될 것이며, 내 죽음을 통하여 육신의 부활이 이미 도래할 것이다.

우리는 이를 다음과 같이 표현할 수도 있다.

한 사람이 죽고 아울러 그가 시간을 뛰어넘으면 그는 어떤 한 '지점'으로 가게 된다. 비록 이 역사가 '그동안' 현세적 시간 차원 안에서 아직도 끝없이 먼 거리를 남겨 두었다 할지라도 그 안에서(이 시점 안에서) 나머지 역사 전체가 그 자신과 '동시에' 역사의 종국에 다다르게 된다.

독자들은 왜 필자가 오직 우리 영혼만 하느님을 만나는 것이 아니라 온 실존이, 아울러 온 인류가 함께 하느님을 만난다는 사실을 확신하고 있는지 이제 이해하게 되었을 것이다. 전통 교의는 인간의 삶에서 너무 소원(疏遠)했기 때문에 세상의 마지막 사건에 대해 아무에게도 별다른 의미를 주지 못하였다.

그러나 이제 여러분은 세상의 마지막 사건이 엄청난 의미와 현실성을 띤다는 사실을 이해했을 것이다. 세상의 종말은 이미 우리의 문턱에 와 있다. 심판의 시간은 더 이상 멀리 있지 않다. 우리는 모두 마지막 시기의 종말을 눈앞에 보면서 살고 있다.

여섯 번째 명제를 살펴보자.

죽음을 통하여 모든 시간은 사라져 간다. 그러므로 인간은 죽음을 거쳐 가면서 자기 고유의 완성뿐 아니라 동시에 세계의 완성까지도 체험하게 된다.

이제 마지막 관점에 접근하게 되었다. 엄밀히 말하면 바로 이 점이 가장 중요한 관점이다. 지금까지는 하느님과 인간에 대해서만 논하였을 뿐 아직 한 번도 그리스도에 대하여 논하지 않았다. 다시 말하면 죽음과 영원의 고유한 그리스도의 차원이 지금까지는 전혀 언급되지 않았다는 것이다. 지금은 이 점을 매우 분명히 해야 할 적절한 시점이다.

신약 성서는 죽음과 세상의 종말에서 우리에게 다가올 영원한 삶에 대하여 말할 때 하느님에 대해서만 언급한 적이 한 번도 없고, 언제나 예수 그리스도에 대해서 함께 이야기한다. 모든 그리스도교적 전통 또한 이 노선을 취한다. 이제까지 인간과 하느님의 궁극적 만남에 대해 이야기한 것은 모두 신약 성서에도 같은 방식으로 그리스도와의 만남에 대해 언급되어 있다.

우리의 죽음은 그리스도와의 엄숙하고도 궁극적인 만남이다. 그분은 우리 앞에 나타나실 것이며, 우리의 심판관으로서 구세주가 되어 주실 것이며, 우리의 가련한 몸을 그분의 찬란한 모습으로 변화시켜 주실 것이며, 세상을 심판하시고 또한 영원한 생명을 주실 것이다. 이 모든 것을 예수 그리스도께서는 신약 성서를 통하여 말씀하신다.

물론 마지막 사건에 임하여 이렇게 단순히 하느님과 예수 그리스도가 따로 떨어져 존재할 수는 없다. 분명히 다음과 같이 말해야 한다.

우리는 하느님을 예수 그리스도 '안에서' 만나게 된다. 그분 안에서 하느님은 우리 앞에 찬란한 모습으로 나타나실 것이다. 그분의 얼굴에서 우리는 하느님의 얼굴을 뵙게 될 것이다. 그분과의 만남에서 우리는 하느님의 심판을 체험할 것이다. 그분 안에서 하느님은 우리에게 당신의 자비를 보여 주실 것이다. 그분 안에서 우리는 하느님의 영원한 생명을 얻게 될 것이다. 한마디로 다음과 같이 말할 수 있겠다.

우리 하느님과의 궁극적 만남은 예수 그리스도 안에서 이루어진다.

누군가가 왜 이렇게 되는지, 왜 우리가 언젠가는 하느님을 예수 그리스도 안에서 만나게 되는지 신약 성서와 전승의 신적(神的) 표현을 떠나서 묻는다면 다음과 같은 대답이 주어질 것이다. 즉 이미 역사(歷史)에서도 그러했기 때문이라고 답할 수 있다.

하느님은 여러 번 갖가지 방법으로 우리에게 말씀하셨다. 하지만 그분은 당신의 최종적이고 궁극적이며 능가할 수 없는 말씀을 예수 그리스도 안에서 우리에게 하셨다. 하느님은 그분 안에서 이 세상에서의 최종적 계시와 현존이 되셨다. 하느님은 그분 안에서 궁극적으로 세상과 결속되셨다. 그분 안에서 세상과 인류에 대한 하느님의 친밀한 긍정이 궁극적이고도 영구히 계시되었다. 이제부터 하느님이 어떤 분이신지 알고자 하는 사람은 예수님을 바라봐야 한다. 그분을 보는 사람은 곧 아버지를 보는 것이다. 그분을 만나는 사람은 하느님을 만나는 것이다. 예수님은 하느님의 해방과 구원 역사가 세상에서 가장 깊이 도달한 장(場)이다.

예수님이 우리 역사 안에서 하느님의 계시와 궁극적 역사가 이루어진 장이라면, 또한 단순히 현세 역사가 내세에서 계속되는 것이 아니라 내세나 현세 역사에서 언제나 실재적이던 모든 것을 수용하는 역사의 지속적 궁극성을 누리는 것이라면, 예수 그리스도는 모든 역사의 내세에서도 우리 하느님을 만나는 고유한 장이 될 것이다. 그렇다면 그분은 이미 여기 이 세상에서처럼 영원히 그러하실 것이다.

예수님은 당신 안에서 우리에게 생명을 선사하시는 분, 당신 안에서 하느님 사랑의 영원한 말씀을 우리에게 들려주시는 분일 것이다.

여기서 우리는 우리 신앙의 가장 심오하고도 아름다운 신비에 접했으므로 이제 글을 그쳐야 하겠다.

우리가 영원히 인간 예수님 안에서 만난 바로 그 하느님을 만나고, 한 인간의 마음속에서 끊임없이 그리고 영원히 하느님을 발견하여, 거기서 하느님의 무한한 사랑으로 되돌아갈 만큼 하느님은 우리 인간을 받아들이시고, 이처럼 우리를 사랑하신다.

참고 문헌

파스칼(Pascal)의 그리스도교적 체험에 관해서 R. 과르디니(Guardini)의 *Christliches Bewusstsein. Versuche über Pascal*, München ³1956 참조. 이 책에서는 '비망록'(Mémorial)의 번역 인용.

로물루스(Romulus)의 승천은 리비우스(Livius)의 *Aburbe condita* I,16에 나온다. 루카의 승천 기사에 관해서 G. 로핑크(Lohfink)의 *Die Himmelfahrt Jesu-Erfindung oder Erfahrung?*, Stuttgart 1972 참조.

"우주에서 아래를 향해 '하느님은 없다.'고 외치는 죽은 그리스도의 답변"은 '꾸민 이야기'로서 장 파울(Jean Paul)의 소설 *Eherstand, Tod und Hochzeit des Armenadvokaten F. St. Sievenkäs im Reichsmarktflecken Kuhschnapple*에 나온다. 로볼트(Rowohlt)의 *Klassiker der Literatur und Wissenschaft* 17/18, Hamburg 1957, 160-164 참조.